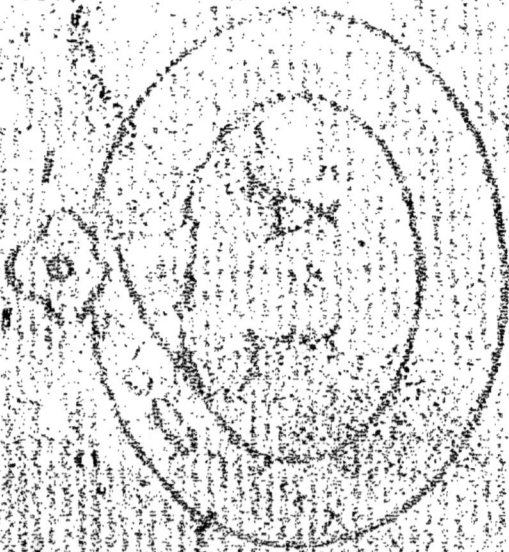

ES sur le **BONHEUR**

Où il se trouve

Moyens de l'acquérir et de le conserver

~~~~~~

Cherchez et vous trou-
verez, sinon le bonheur parfait
qui n'est pas de ce monde, du
moins plus de calme, l'adoucis-
sement de vos chagrins, l'allé-
gement de vos maux, c'est-à-dire
l'amélioration de votre état.

~~~~~~

NANCY

IMPRIMERIE CATHOLIQUE R. VAGNER
3, Rue du Manège, 3

1900

NOTES sur le BONHEUR

Où il se trouve

Moyens de l'acquérir et de le conserver

—⁘—

Cherchez et vous trou-
verez, sinon le bonheur parfait
qui n'est pas de ce monde, du
moins plus de calme, l'adoucis-
sement de vos chagrins, l'allé-
gement de vos maux, c'est-à-dire
l'amélioration de votre état.

—⁘—

NANCY

IMPRIMERIE CATHOLIQUE R. VAGNER

3, Rue du Manège, 3

—

1900

J'ai hésité avant de faire imprimer ces notes. Elles ne me semblaient pas suffisamment appréciées par les quelques personnes auxquelles je les ai fait lire.

Je me décide malgré cela, car leur lecture fréquente me fait un bien réel et j'espère qu'elle pourront rendre le même service à quelque pauvre affligé comme moi.

Novembre 1899.

H. MARCHAL,

Chef de Bataillon du génie, du corps d'Etat-Major, en retraite, Chevalier de la Légion d'honneur.

AUTEURS CONSULTÉS

ÉPICTÈTE,

MARC-AURÈLE,

NICOLE,

Madame la marquise DE LAMBERT,

Alphonse KARR,

COUSIN,

John LUBBOCK (fait pair d'Angleterre sous le nom de
lord AVEBURY),

Jules SIMON,

Francisque SARCEY,

COPPÉE,

VAUVENARGUES.

TABLE DES MATIÈRES

BONHEUR

Premières Notes diverses

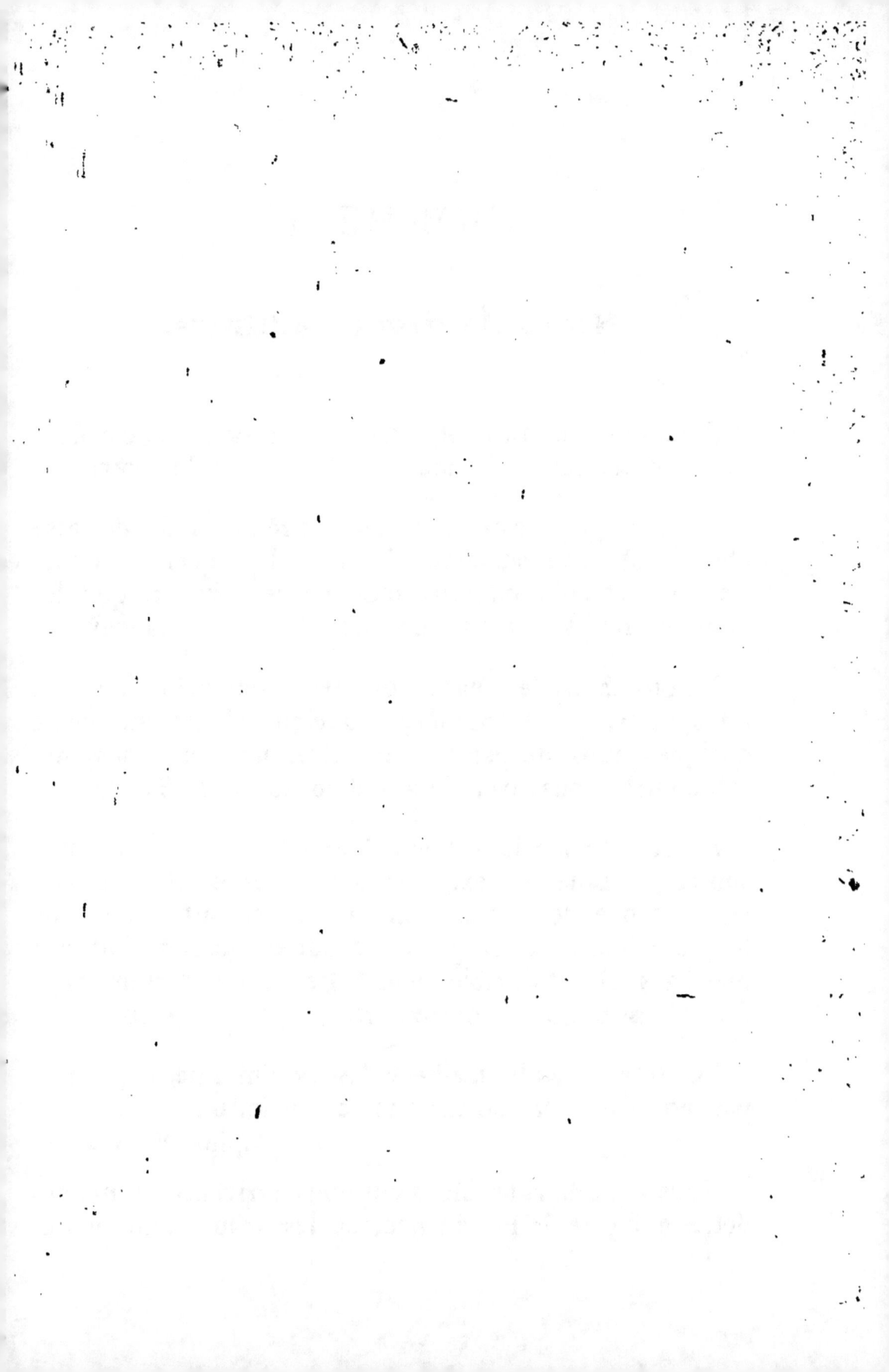

BONHEUR

Notes de divers auteurs.

Si un homme est malheureux, c'est sa faute, car Dieu nous a créés pour le bonheur. ÉPICTÈTE.

On peut (sauf les cas de misère extrême et de détresse effroyable) être relativement heureux dans quelque condition que ce soit, pourvu qu'on ne se permette que des désirs en rapport avec sa condition. SARCEY.

Il nous est facile, quand nous avons une peine, de nous transporter, par la pensée, à quelques jours ou même quelques mois de distance, et d'aider ainsi au temps, qui est, comme vous savez, le grand consolateur. SARCEY.

Au sein même du malheur, l'homme porte en soi une source permanente d'exquises jouissances, car il a toujours la puissance de faire le bien. Le plaisir attaché à une bonne conscience est pur ; les autres plaisirs sont très mélangés. Il est durable quand les autres passent vite. Enfin il est toujours à notre portée. COUSIN.

Le bonheur et le malheur des hommes ne dépendent pas moins de leur humeur que de leur fortune.
Alphonse KARR.

Nous regardons les biens qui nous arrivent comme des dettes que paie la Providence, et les maux comme des injustices ; nous jouissons des premiers sans reconnaissance et nous subissons les autres sans résignation.

Alphonse KARR.

La vraie félicité est dans la paix de l'âme, dans la raison, dans l'accomplissement de nos devoirs.

Mᵉ de LAMBERT.

Dans les commencements, les passions obéissent et dans la suite elles commandent : Elles sont plus faciles à vaincre qu'à contenter. Mᵉ de LAMBERT.

Un des grands obstacles au bonheur naît de ce que nous le faisons dépendre des autres ; nous nous agitons moins pour être heureux que pour le paraître. « Je me suis souvent étonné, dit l'Empereur Marc Aurèle que les hommes qui ont tant de vanité, fassent plus de cas de l'opinion des autres que de la leur propre ».

Alphonse KARR.

On n'est jamais heureux quand on ne croit pas l'être.

Publius SYRUS.

Le bonheur, c'est d'en donner ! COPPÉE.

Les choses ne sont pas comme elles sont, mais comme on les voit. X.

De leur meilleur côté tâchons de voir les choses.
Vous vous plaignez de voir les rosiers épineux,
Moi, je me réjouis et rends grâces aux Dieux
Que les épines aient des roses. X.

Chaque jour est un bien que du ciel je reçois.
Je jouis aujourd'hui de celui qu'il me donne ;

Il n'appartient pas plus aux jeunes gens qu'à moi
Et celui de demain n'appartient à personne.

DE MAUCROIX, *Chanoine de Reims,*
ami de LA FONTAINE.

———

Ne vous inquiétez jamais de ce que vous ne pouvez atteindre ; et ne vous troublez pas de ce que vous ne pouvez éviter.

Principes des Chefs des Trade-unions d'Angleterre.

———

Supporte en homme les petites misères de la vie.
Vois venir la mort en soldat.   M.

———

C'est au repos d'esprit que nous aspirons tous :
Mais ce repos heureux doit se chercher en nous.
Un fou rempli d'erreurs que le trouble accompagne,
Tourmenté à la ville ainsi qu'à la campagne,
En vain monte à cheval pour tromper son ennui
Le chagrin monte en croupe et galoppe avec lui.

. . . .

Le bonheur tant cherché sur la terre et sur l'onde,
Est ici comme aux lieux où mûrit le coco
Et se trouve à Paris aussi bien qu'à Cusco :
On ne le tire point des veines du Potose ;
Qui vit content de rien possède toute chose.
Mais sans cesse ignorants de nos propres besoins
Nous demandons au Ciel ce qu'il nous faut le moins.

BOILEAU, *épitres.*

———

Le bonheur ne nous est guère sensible en cette vie que par la délivrance du mal. Nous n'avons pas de biens réels et positifs.

Heureux qui voit le jour ! dit un aveugle, mais un homme qui voit clair ne le dit plus.

Heureux celui qui est sain ! dit un malade, quand il est sain il ne sent plus le bonheur de la santé.

NICOLE, *du bonheur.*

D'après Nicole, le bonheur ne serait que momentané et serait la conséquence d'un changement d'état en bien et surtout de la délivrance d'un mal.

A ce compte-là, les plus heureux des hommes seraient les gens nerveux. Ils sont souvent délivrés de leurs maux qui sont fréquents mais généralement passagers : Vapeurs, migraines, névralgies etc. Après eux, viendraient les enfants, puis les vieillards, dont les maux sont plus tenaces. Serait-ce pour cela que ces derniers tiennent tant à une vie qui paraît souvent peu enviable ?

Il est certain que quelques ennuis ou souffrances passagères ne nuisent pas au bonheur, au contraire. L'homme est si peu raisonnable qu'il apprécie rarement ce qu'il possède à sa juste valeur, et n'est jamais content quoi qu'il ait. Il n'en est plus de même quand il est menacé dans sa possession ou quand il est éprouvé. Qu'il lui arrive une bonne rage de dents par exemple, il regrettera alors sa situation précédente qu'il trouvait mauvaise et sera, comme le dit Nicole, un moment heureux dès qu'il sera débarrassé de son mal,   M.

La plus sublime des philosophies est l'acceptation des nécessités de la vie. Sans se renier, sans s'abandonner, tirer des conditions fournies par la réalité le meilleur parti, le plus utile.   TAINE.

Si ce n'est pas la plus sublime philosophie, c'est du moins la plus pratique.   M.

Nous rendrons notre vie vertueuse et agréable en résistant au mal, en mettant un frein à nos appétits et peut-être mieux encore, en fortifiant et développant nos bons instincts.   John LUBBOCK.

———

La paix de l'âme est un bien inestimable, un riche salaire du devoir accompli.   John LUBBOCK.

———

Les événements et situations sont essentiellement variables, les hommes encore plus. Utilisons-les autant que possible, mais gardons-nous de les prendre pour fondements de notre bonheur, ce serait bâtir sur le sable. M.

———

Définition du bonheur.

———

Qu'est-ce que le bonheur ?

La définition en est fort difficile à donner car c'est une chose complètement relative qui varie non seulement avec les individus, mais chez le même avec les moments.

Pour celui qui est dans la misère : c'est boire et manger à son aise ; pour le malade, c'est la santé ; pour le pauvre, la richesse ; pour le riche, les satisfactions de l'amour-propre, les respects, les honneurs, etc.

A mesure qu'on s'élève dans la famille humaine, sa nature change.

Puisque chacun le cherche dans la satisfaction de désirs sans cesse renaissants et jamais appaisés, tâchons de modérer les nôtres et de jouir de ce que nous possédons, en regardant plutôt au-dessous qu'au-dessus de nous.

Notre âme est pour le bonheur comme notre corps pour la chaleur, dont les variations brusques sont plus sensibles que l'élévation ou l'abaissement lents et graduels. Pour la température, il existe un milieu préférable : le climat tempéré ; pour le bonheur, il est une situation plus favorable : c'est *l'aurea mediocritas* du poëte.

Il n'y en a pas de parfait dans ce monde. Heureux ceux qui le cherchent dans des actes n'entraînant pas de regrets à leur suite, dans l'accomplissement du devoir qui assure au moins la satisfaction d'une conscience paisible.

Pour Coppée : le bonheur ! c'est d'en donner.

Définition pour moi.

L'homme heureux est celui qui cherche et pratique le bien, qui a la sagesse de modérer ses désirs, de voir le bon côté des choses, de supporter patiemment ce qu'il ne peut empêcher, et qui arrive ainsi à se trouver content de son sort et de lui-même.

Le contentement de soi-même est une source puissante de bonheur. — L'enfant qui a un uniforme et commande à ses petits compagnons ; l'élève qui est premier dans une composition, qui a des prix, qui réussit dans un examen ; le chanteur, l'acteur qu'on applaudit ; l'ambitieux qui obtient de l'avancement ; l'homme du monde qui brille dans un salon ; l'auteur qui a du succès, etc., etc., sont heureux momentanément. Pourquoi ? Surtout parce qu'ils sont contents d'eux. C'est aussi là la cause de notre amour des compliments et des louanges et du plaisir que nous éprouvons après avoir accompli un devoir ou triomphé d'une difficulté quelconque. — Nous sommes richement doués sous ce rapport par suite des illusions que nous nous faisons sur notre propre compte. Chacun ne se trouve-t-il pas en tout supérieur à son voisin ? Le moins favorisé est souvent le plus satisfait de lui-même. C'est sans doute une compensation que Dieu lui accorde pour remplacer les dons qui lui manquent.

Quand ce contentement est la suite d'un devoir accompli

ou d'une bonne action, il est plus vif et plus durable. Ainsi par exemple, l'artiste qui fait une belle œuvre, l'homme qui rend service à son prochain ou pardonne une offense, éprouvent certainement une satisfaction supérieure à celle du marchand qui se félicite d'avoir rançonné un acheteur. Elle est aussi moins fugitive, car elle se renouvelle chaque fois qu'on pense à ce qu'on a fait de bien.

Le bonheur dépend de notre humeur.

Il arrive parfois qu'on se lève, après une bonne nuit, bien portant, de bonne humeur, disposé à la bienveillance envers tous, voyant tout en beau, heureux en un mot.

Une mouche ou une puce nous taquine, un bouton tombe, un cordon se casse ou se noue quand nous sommes pressés, une parole nous déplait, un sourire nous semble moqueur, voilà notre belle humeur envolée ! Nous sommes maussades, même grincheux, souvent toute la journée.

Le bonheur est-il donc si fugitif, si éphémère qu'il dépende du plus petit incident ?

Non, il n'y a rien de changé que notre humeur ; modifions-là et tout semblera nous sourire de nouveau.

Mais, les moyens ? Ils ne manquent pas : on n'a que l'embarras du choix. Ce sont tous ceux qui permettent de changer le cours des pensées : l'occupation, les distractions quelconques, les changements de lieux, visites, promenades, lectures, musique, etc.

Il y a en ce monde plus de biens que de maux.

Faites une pesée sur une balance ; quand l'équilibre sera établi, mettez le doigt sur l'un ou l'autre des plateaux ;

vous aurez une représentation des hauts et des bas de la vie. Le doigt, c'est la volonté de Dieu ; quand il pèse sur le plateau des peines, c'est pour notre amélioration, but unique de notre séjour ici-bas.

Bien des gens trouvent que, dans ce monde, le malheur l'emporte de beaucoup sur le bonheur. Je ne partage pas leur opinion et croirais plutôt le contraire. Si la vie était réellement mauvaise pourquoi y tiendrait-on si fort ? Dieu ne nous a pas créés pour nous voir souffrir et nous a donné, même sur cette terre, plus de biens que de maux. La plupart ne l'admettent pas, parce qu'ils ne s'occupent que des malheurs, trouvant les bonheurs si naturels qu'ils n'y font attention que quand ils les ont perdus, exemple : la jeunesse, la santé, etc.

Les malheurs passés ne sont pas un obstacle au bonheur présent ; au contraire, puisqu'on n'a qu'à comparer ses situations à deux époques différentes, sans être obligé de chercher ses exemples chez les autres.

Moins on a de passions, plus on renferme en soi d'éléments de bonheur.

L'usage modéré des sentiments et des facultés que Dieu nous a donnés est une cause de bonheur ; mais il n'en est pas de même de l'abus ou passion.

L'amour, maintenu dans de juste limites, charme et embellit la vie, s'il tourne à la passion, il peut entraîner à sa suite la jalousie et ses tourments, toutes les folies, tous les crimes (1).

(1) *Amour* : Sa nécessité ; son exagération dans notre société raffinée. Mets de haut goût, la civilisation fournit la sauce, a religion les épices. L'imagination en fait tous les frais pour idéaliser la personne aimée ; mais e cœur revient à son état normal dès que les illusions ont disparu par suite de la possession.

L'ambition qui est bonne et utile pour nous pousser aux grandes choses, trouble toute la vie, si elle est trop grande.

Le jeu est une distraction agréable, la boisson un réconfortant utile.

Chacun sait de quoi sont capables les joueurs et les ivrognes fieffés et comprend qu'il ne peuvent être heureux.

La même constatation est facile pour les autres passions.

Lorsque la violence des passions s'est relâchée et que leur feu s'est amorti, on se voit délivré d'une foule de tyrans forcenés. (SOPHOCLE.)

Ceux qui, se fiant aux beaux discours des poètes et des romanciers, croient que le bonheur est dans la passion, n'analysent pas leurs sensations et leurs sentiments ; car, s'ils le faisaient, ils se rendraient bien vite compte de la fausseté de cette allégation. Qu'ils se demandent après avoir usé avec passion de l'un des plaisirs des sens : *Suis-je heureux ?* Bien peu répondront : Oui.

S'ils ne le sont pas après, l'ont-ils été au moins pendant ? L'oubli passager de ses maux, un plaisir fugitif, la jouissance d'un moment ne sont pas le bonheur complet. Qu'ils s'adressent la même demande après avoir fait une bonne action, ils saisiront facilement la différence des deux situations au point de vue du bonheur.

Non seulement la passion ne nous rend pas heureux mais elle a encore l'inconvénient de nous pousser aux excès de tout genre. *On est généralement puni par où on a péché.* Les gourmands se fatiguent des bonnes choses et en veulent toujours de meilleures ; ils ont des maux d'estomac, d'entrailles, la goutte, etc.. Les envieux et les ambitieux ne sont jamais satisfaits non plus, la bille les travaille, ils n'ont ni répit ni tranquilité. Les luxurieux se ramollissent, etc., etc..

Cette règle s'applique même aux défauts : X... est mauvaise langue et se moque de tout le monde. Naturellement ses enfants l'imitent, et si bien, qu'ils le prennent pour plastron quand il devient vieux.

Si le bonheur n'est pas dans la passion est-il au moins dans tous ces biens qu'on désire : santé, talents, génie, grandeurs, richesses, beauté, etc. ? — Pénétrez dans la vie intime de ceux qui possèdent ces dons enviés et vous serez tout surpris du peu de satisfaction que la plupart en tirent. Chateaubriand, de Musset, Loti, Pailleron, duc d'Aumale, Bismarck, etc., etc., tous se trouvent à plaindre et plus malheureux les uns que les autres. On dirait que les biens dont ils jouissent ne font que rendre plus nécessaires et plus désirables ceux qui leur manquent.

Mais enfin, me dira-t-on, il n'est donc nulle part, le bonheur ! Il n'y en a donc point ? — Si. *Voir page 31 où il se trouve et page 12 sa définition.*

————

Si quelqu'un veut aimer la vie, qu'il s'éloigne du mal et fasse le bien, qu'il cherche la paix et la poursuive. (PIERRE, 3.)

————

La paix qu'il faut d'abord chercher est :

1º Celle du cœur. C'est par l'accomplissement du devoir qu'on y arrive.

2º Celle de l'intérieur de la famille. La bonté, le pardon des offenses, la charité en sont les moyens ainsi que pour la paix avec ceux qui ne sont pas nos parents. (1)

(1) *Charité.* — Toute bonne action est une charité. Quand tu souris à la face de ton frère, quand tu remets un voyageur dans son chemin,

Comment voulez-vous être heureux, si vous n'avez pas la conscience tranquille, si vous êtes mécontent de vous même ? Vous portez en vous comme un ver rongueur ?

Et si vos relations de famille ne sont pas faciles et bienveillantes, si vous êtes constamment à discuter, à vous donner mutuellement des leçons, à vous disputer, à vous aigrir les uns contre les autres, quel repos pouvez-vous goûter puisque ces relations sont de tous les instants ?

L'orgueil qui fait que nous voulons toujours avoir raison, qui nous empêche de reconnaître nos torts, l'impatience ou la colère qui amènent celles d'autrui, la moquerie habituelle, et même l'esprit de contradiction trop développé, sont contraires à la bonne harmonie d'un intérieur.

Sous prétexte de franchise, on ne se gêne et se ménage généralement pas assez entre proches parents. On oublie trop la susceptilité et l'amour-propre de chacun ; et c'est une des causes principales des inimitiés, des haines qu'on voit souvent même entre frères et sœurs.

Est-ce bien de n'être aimable qu'avec les étrangers, de ne pas s'inquiéter de ceux avec lesquels on vit, de leur faire supporter sa mauvaise humeur, de leur dire leurs vérités à tout propos, de les rabrouer, de les dominer ?

On voit plus difficilement les défauts des étrangers et on en souffre moins, les relations étant de courte durée et pouvant s'interrompre à volonté. — D'accord, mais si nous voyons mieux les défauts de nos proches et si nous en souffrons davantage, ils sont dans le même cas.

---

quand tu donnes de l'eau à boire à l'altéré, quand tu exhortes ton prochain à bien faire, tu fais la charité. (CORAN).

Supporter son prochain est l'exercice le plus méritoire de la charité. (Réflexions pratiques sur les Evangiles).

(Voir les épitres de saint Paul au Colossiens p. 92 et 116 et la première épitre p. 416.

L'essence de la religion catholique est l'amour et la charité.

Ayons donc entre nous une indulgence réciproque pour ne pas nous rendre la vie pénible. C'est au plus raisonnable à donner l'exemple et à entraîner les autres dans cette voie et c'est surtout à lui-même qu'il doit s'en prendre si cette situation harmonique n'existe pas dans sa famille.

Combien était sage et bon celui qui disait : Je cherche à rendre heureux tous ceux qui m'entourent : ma femme, mes enfants et même mon chat et mon chien (1).

En ce qui concerne la paix avec le prochain, observez ceux qui ont des haines, des ennemis, des procès, voyez quelle bile ils se font, quel mal ils se donnent !

Un excellent moyen de vivre paisible et tranquille c'est d'être bon pour nos semblables et de leur faire beaucoup de concessions.

La bonté ne doit pas pourtant dégénérer en faiblesse, car au lieu de trouver la paix, on s'occasionnerait par là des désagréments et des ennuis continuels.

L'homme est par nature taquin, tracassier, domina-

---

(1) En famille, neuf fois sur dix, on ne devrait pas souffrir d'une réprimande. — Si elle est juste, il faut l'accueillir comme un avertissement ; si elle n'est pas méritée pourquoi supporter qu'elle nous attriste ?

Pour la plupart des hommes, ce ne sont pas tant les grands chagrins, la maladie ou la mort, mais plutôt les petites « agonies quotidiennes » qui voilent de nuages le soleil de la vie. Beaucoup de tourments de cette existence sont insignifiants en eux-mêmes et pourraient être évités aisément. Presque toujours comme la maison serait heureuse, n'étaient les sottes querelles ou les malentendus, « les mésintelligences » si bien nommées.

C'est notre propre faute si nous sommes querelleurs ou d'humeur chagrine. Encore moins devrions-nous admettre, quoique ceci soit moins aisé, que l'esprit querelleur et l'humeur chagrine des autres puissent nous rendre malheureux.   John LUBBOCK.

teur. Observez le petit enfant qui n'est pas encore dissimulé et s'abandonne à ses instincts naturels : Mettez-lui un jouet sur sa table, il ne tardera pas à le jeter par terre. Chaque fois que vous le lui ramasserez, il l'enverra promener de nouveau ; et, si fatigué de plier l'échine, vous voulez finir ce petit jeu, lui ne l'entend pas ainsi et vous montrera par sa colère et ses pleurs que vous êtes sa chose et que vous devez faire sa volonté.

L'homme fait n'est guère plus raisonnable : il abuse et se moque volontiers de ceux qu'il ne craint pas.

Aussi pour la bonté comme pour tout, la sagesse est dans le juste milieu.

Etre aimé, mais un peu craint, voilà l'idéal à chercher aussi bien dans la vie commune que dans le métier militaire.

Pour y arriver, soyons justes et fermes, mais surtout patients, doux et indulgents.

Il faut établir notre paix et notre repos, sur notre propre réformation et sur la modération de nos passions. — C'est un dessein chimérique de croire trouver la paix en voulant corriger tout ce qui nous déplaît dans les autres.

NICOLE. — Des moyens de conserver
la paix avec les hommes.

Raison des désirs insatiables de l'homme.

Croyez-vous en Dieu ? Alors, vous devez croire à l'existence d'une autre vie ; car celle-ci n'est pas toujours belle, et si Dieu existe il est infiniment bon et juste comme il est infiniment prévoyant et sage. Il n'a pas créé l'homme sans motif et sans but, pas plus qu'il ne l'a mis sur terre pour le faire souffrir. L'homme n'est jamais satisfait : donnez-lui ce qu'il envie, il désirera de nouveau parce qu'il aspire sans cesse à un bonheur qui n'existe pas ici-bas.

Pourquoi Dieu lui a-t-il donné des désirs aussi insatiables ? Serait-ce donc pour le tourmenter. Alors que deviendrait la bonté de Dieu ! Pour le perfectionner ? En quoi cela vous perfectionne-t-il, si vous avez cent mille francs, de vouloir être millionnaire, si vous avez une jolie femme d'en désirer une autre, si vous êtes député de vouloir être sénateur, etc. ?

Suivant moi, Dieu nous a donné ces désirs insatiables : 1° pour égaliser un peu le bonheur en ce monde, puisque celui qui a beaucoup n'est pas plus content que celui qui a peu ; 2° pour nous faire croire et aspirer à une autre vie.

Ne pas se tourmenter inutilement.

Autant il est bon de penser à l'avenir pour le modifier à son avantage ou s'y préparer, autant il est mauvais de le faire quand on n'y peut rien changer.

Ainsi il faut songer à sa retraite et faire des économies pour ses vieux jours, à ses maux pour les diminuer autant que possible par les précautions et les soins. Mais à quoi bon s'attrister et se rendre malheureux d'avance pour des choses inévitables, comme la perte de ses parents ou pour celles auxquelles on ne peut rien changer comme la marche des affaires publiques, etc.? En ce qui nous concerne plus particulièrement, à quoi nous sert de nous affliger, de vieillir, de nous dire sans cesse que nos maux et nos souffrances iront toujours en croissant, etc., etc.

Cela change-t-il quelque chose à la situation ?

Il ne faut donc pas se laisser aller à ces tristes pensées et on doit employer sa volonté à les écarter.

Exemple personnel. — J'ai des douleurs violentes, chroniques, inguérissables. Pendant longtemps, quand elles menaçaient ou commençaient, je m'attristais outre mesure, me disant sans cesse : « Allons me voilà repris. Je ne dor- « mirai pas la nuit prochaine. Est-ce une crise ? En ai-je « pour huit jours, quinze jours ? » Ma journée était gâtée d'avance. Il n'en était ni plus ni moins ; mais en me tourmentant, j'arrivais à ce résultat de me rendre mauvaises pas mal d'heures qui, sans cela, eussent été passables.

CONCLUSIONS

Il résulte de cette étude que, si l'on veut être aussi heureux que possible en ce monde, il faut faire agir : I° *sa raison* et surtout II° *sa volonté.*

I. — RAISON

Faire agir sa raison.

1° Pour se rendre compte des bienfaits dont Dieu nous a comblés au physique et au moral, et les apprécier à leur valeur ; pour cela, ne pas se comparer à ceux qui paraissent avoir plus que nous, mais à ceux qui ont moins.

2° Pour modérer ses désirs.

3° Pour chercher le bonheur où il est, non dans la satisfaction des passions, mais dans l'accomplissement du devoir et la paix du cœur.

II. — VOLONTÉ

Faire agir sa volonté.

1° Pour ne pas se laisser aller au pessimisme et voir au contraire le bon côté des choses, surtout en ce qui concerne les devoirs d'état qu'il faut arriver à accomplir avec zèle et intérêt d'abord, avec plaisir ensuite. Chercher à arriver au même résultat pour les petites occupations journalières. Si on ne peut parvenir à voir les choses en beau, éviter au moins d'entretenir ses chagrins et de se forger des maux imaginaires. Le pessimisme est une doctrine funeste qui n'aboutit qu'à augmenter le malheur des gens sans leur donner aucune compensation. Il est à la philosophie ce que l'athéisme est à la religion.

2° Pour se créer une ou des occupations, si on n'en a pas de forcées. Quand on ne fait rien, on s'ennuie et on n'est pas heureux. Celui qui cherche le bonheur doit donc éviter et combattre l'ennui.

Pour les oisifs, il y a bien des distractions : promenades à pied, à cheval, à bicyclette, en voiture, lectures, visites, réunions, soirées, œuvres et pratiques religieuses, concerts, théâtre, pêche, chasse, etc.; mais quoique la nomenclature soit déjà longue, cela ne suffit généralement pas. Il faut quelque chose de plus absorbant, de plus passionnant : on peut s'intéresser aux progrès des sciences et des arts, à la littérature; sans rechercher la publicité, écrire pour soi-même en prose et surtout en vers, réunir des renseignements, s'occuper de collections, de photographie, de peinture, sculpture, de musique vocale ou instrumentale, déclamer, apprendre des vers, prier, etc.

Une occupation des plus utiles et pourtant des plus négligées, consiste à travailler à son perfectionnement physique et moral en cherchant à bien faire tout ce qu'on fait, non seulement dans les arts, les lettres, les sciences, mais aussi dans les choses les plus simples et les plus ordinaires de la vie : se tenir droit, marcher normalement sans cagner ni briquer, devenir adroit en tout, bien écrire même au point de vue de l'écriture, qui doit au moins être lisible, bien lire et surtout bien parler, etc., etc.

Tout cela paraît très simple et très facile, mais il n'en est rien. Il faut beaucoup de temps, d'attention et de persévérance pour se corriger complètement du moindre défaut, de la plus petite mauvaise habitude; c'est un vrai travail (1). Quand on réussit, même pour une chose insignifiante, on éprouve une douce satisfaction qui fait comprendre celle que ressentent ceux qui s'occupent de leur perfectionnement moral. Dieu, qui nous a mis en ce monde pour nous améliorer, nous récompense ainsi quand nous entrons dans ses vues sous ce rapport.

Outre les promenades, la pêche et la chasse, une ou plusieurs occupations corporelles sont encore nécessaires. Le jardinage est une des meilleures. La gymnastique en chambre est d'un grand secours quand on ne peut sortir.

On prend ce qui plait; mais plus on a de cordes à son arc, mieux cela vaut, même pour ceux qui ont un métier.

4° Pour chercher à être bienveillant, bon, charitable, indulgent, même agréable envers le prochain.

Ce n'est pas seulement la religion et la philosophie qui nous conseillent ces procédés, c'est aussi l'intérêt bien entendu. Si vous voulez que les autres soient polis, aimables pour vous, commencez par l'être vous-même à leur égard; observez-vous et faites votre examen de conscience, afin de vous rendre compte si vous n'êtes pour rien dans les coups de boutoir que vous recevez.

Si nous avons tant de peine de nous rendre compte de nos défauts physiques, qui sautent aux yeux des autres et que rien ne nous empêche de voir comme tout le monde, qu'y a-t-il d'étonnant que nous parvenions si difficilement à admettre nos défauts moraux, à en faire notre *mea culpâ* et à nous en corriger? Or ce n'est pas seulement par les défauts physiques qu'on ennuie et qu'on gêne autrui, c'est encore plus fréquemment par les défauts moraux. Le plus commun et le plus fatiguant est l'orgueil qui se manifeste

(1) Puisque tu te rends compte de la difficulté qu'il y a à se débarrasser des mauvaises habitudes, surveille-toi pour en contracter le moins possible.

par le besoin de se croire en tout supérieur aux autres et d'avoir toujours raison.

5° Pour ne pas se préoccuper de ce qui est inévitable comme la vieillesse, la mort; ou de ce qu'on ne peut empêcher.

Exemple. — Est-il quelque chose de moins raisonnable et cependant de plus fréquent que de se faire de la bile à propos du temps? C'est désagréable de ne pouvoir faire ce qu'on a projeté, ennuyeux. vexant, tout ce que vous voudrez; mais ne vaut-il pas mieux, comme pour tous les petits ennuis de la vie qu'on ne peut éviter, prendre son parti carrément, que d'être maussade, agacé, grincheux et ennuyé toute la journée.

6° Pour ne pas trop réfléchir aux actes ennuyeux ou pénibles qu'on a à accomplir et penser au contraire à quelque chose d'agréable ou d'absorbant (1).

Considérons deux individus qui font de l'hydrothérapie. On a beau s'y habituer, ce n'est tout de même pas bien amusant de se plonger dans l'eau froide en hiver.

L'un s'en épouvante dès la veille, se répétant : Oh! quel froid! et être obligé de se tremper tout entier dans l'eau par un temps pareil; que c'est pénible! que c'est dûr! Mon Dieu que je suis malheureux, que je suis à plaindre! Et c'est tous les jours la même chanson.

L'autre ne s'en inquiète pas; il est occupé de ses affaires. Quand vient le moment du bain, il se dit : Ça va me fortifier, calmer mes douleurs; ou bien il pense à ce qu'il pourra faire dans la journée, à ses travaux, à la visite d'un

_____

(1) Il est bien entendu que ce procédé ne doit être employé qu'exceptionnellement, et qu'il faut d'habitude appliquer toute son attention à ce qu'on fait; autrement on se rendrait distrait, vrai moyen de n'arriver à rien de bien.

parent qu'il n'a pas vu depuis longtemps, à une conférence, à un concert où il doit aller, etc., etc.; et le bain
est pris sans qu'il s'en soit pour ainsi dire aperçu.

La méthode de ce dernier est évidemment la meilleure
et c'est elle qu'il faut suivre.

Bien des personnes se lèvent difficilement, surtout en
hiver, qu'elles essaient ces moyens ; elles s'en trouveront
bien.

Il y a tout avantage à ne pas agir avec nonchalance.
Ayant l'esprit occupé à se hâter, on pense moins à trouver
ennuyeux ou pénible ce que l'on fait.

C'est ce qui arrive quand il faut se lever pendant la nuit
pour prendre le chemin de fer et qu'on a peur d'être en
retard. Il est toujours facile de se mettre dans ces conditions en se dépêchant pour faire ce qui est désagréable, se
fixant le nombre de minutes à y employer ou cherchant à
y arriver dans le moins de temps possible.

Autre exemple : Vous êtes obligés d'attendre votre tour
à un guichet où il y a foule. Que vous soyez pressés ou
non, contents ou pas, cela ne changera rien à l'affaire. Ne
vous faites donc pas une bile inutile. C'est le moment de
vous occuper l'esprit d'une façon quelconque. Si vous ne
trouvez pas de sujet, examinez la tête de vos voisins,
cherchez à vous rendre compte de leurs impressions, de
leurs caractères, de leurs positions, etc., etc. et vous ne
trouverez plus le temps long.

Pour la maladie, Sarcey conseille de se transporter par
la pensée à quelques jours, quelques semaines plus tard.
C'est difficile d'y arriver, surtout quand une souffrance
aiguë et fréquente vous rappelle malgré vous au présent et
à la triste réalité.

7° Pour tâcher de se trouver heureux.

L'homme est un être essentiellement suggestible et
influençable. Examinez un enfant qui fait une chute ou qui

se donne un gros coup. Si vous le plaignez, il pleurera toutes les larmes de son corps. Dites-lui au contraire : Ce n'est rien, on va souffler dessus et çà disparaîtra. Bien souvent, il ne pleure plus quand on a soufflé. Nous sommes tous un peu comme l'enfant. Le médecin *tant mieux* guérit plus de malades que le médecin *tant pis*.

Dites à un individu qu'il est fort et adroit. Que ce soit vrai ou non, si vous le lui répétez souvent il finira par le croire et à plus forte raison s'il se le répète continuellement en lui-même.

C'est ce procédé qu'il faut employer dans la recherche du bonheur : tâcher de se trouver heureux, faire son possible pour croire qu'on l'est, car celui qui le croit l'est déjà aux trois quarts.

L'idée qu'on se fait des choses les transforme et les modifie du tout au tout. L'influence de l'imagination sur le moral est énorme. Elle agit même sur le physique. Quand on fait du feu en hiver, si on l'entend ronfler on se figure qu'on a plus chaud ; et parfois, en réalité, il n'a pas encore eu le temps de modifier la température de l'appartement.

L'imagination est puissante sur notre état autant pour notre mal que pour notre bien. C'est pour cela qu'il faut la régler et la diriger par la volonté vers le beau côté des choses.

———

L'imagination dispose de tout ; elle fait la beauté, la justice et le bonheur, qui est le tout du monde (PASCAL).

OBSERVATIONS

Quelques-unes de ces observations et recommandations paraîtront peut-être un peu puériles, d'autres difficiles à appliquer.

Développement de la volonté.

En ce qui concerne ces dernières, je ferai observer que la raison et surtout la volonté se développent par l'exercice, comme toutes les autres facultés.

Avoir soin d'agir progressivement exigeant au début, afin d'éviter de prendre l'habitude des infractions.

Un bon moyen, c'est de se dire chaque matin : Je ferai telle et telle chose ; et de se demander le soir : Ai-je fait aujourd'hui ce que j'avais résolu ? Me suis-je tenu plus droit ? Ai-je été plus patient, plus indulgent pour les autres, etc., etc. ? Si, oui ; il n'y a qu'à continuer. Si, non ; je veux qu'il y ait du mieux demain.

On se rend ainsi un compte exact de l'état de sa volonté et, en persévérant dans ce procédé, on arrive à la rendre réelle, c'est-à-dire à ne pas se contenter des bonnes résolutions dont l'enfer est pavé, mais à obtenir des résultats pratiques.

Arrive par la lutte à un complet empire sur toi-même, sur tes faiblesses et tes défauts corporels et intellectuels.

Entreprends avec courage cette lutte *(sapere aude!)* en te persuadant bien que, quel que soit l'échelon de la vie auquel tu puisses te trouver, il n'est jamais trop tard ; et reste infatigable dans les efforts que tu fais pour atteindre cette vraie liberté (intérieure), cette amélioration de toi-même. (SCHREBER, *Gymnastique de chambre*).

C'est cette volonté tenace, toujours tendue tant que l'effet cherché n'est pas obtenu qui, plus encore que l'intelligence, fait les hommes supérieurs.

Celui qui est assez maître de lui pour ne penser qu'à ce qu'il veut est mûr pour le bonheur puisqu'il peut à son gré éloigner les ennuis, les soucis, les chagrins pour ne s'occuper que de choses agréables et gaies.

Le vrai moyen de tirer profit et agrément de sa situation c'est d'apprécier et d'aimer ce qu'on possède en évitant de croire préférable ce qu'on n'a pas.

Nous pouvons nous faire nous-mêmes ce que nous désirons être, nous assurer la paix, vaincre la douleur et le chagrin.   J. LUBBOCK.

Bonheur en ce qui me concerne.

On me dit qu'il ne me manque que la santé pour être heureux. C'est vrai, mais que de choses dans ce seul mot, surtout en ce me qui concerne !

J'ai une maladie, nerveuse se manifestant par des élancements fulgurants analogues à des secousses électriques, qui dans des crises reviennent souvent toutes les dix secondes et durent parfois des dix, quinze jours et quinze nuits presque sans discontinuer. Ce n'est alors que grâce au camphre, à l'antipyrine, à la phénacétine, à la métallothérapie, que je puis avoir un moment de répit et de sommeil.

Quand je n'ai pas ces grosses crises, il est rare que je sois vingt-quatre heures sans avoir un petit accès. Je sais quand ils commencent, mais pas quand ils finissent ; en sorte que je n'ai jamais une minute de tranquillité.

En outre, est-ce la suite de la maladie ou des remèdes, mon estomac et mes intestins sont malades ?

La conséquence de tout cela est un affaiblissement de la vue, de l'ouïe, de la mémoire, le sommeil difficile, une grande fatigue par moments.

Je ne puis, même avec une couverture m'enveloppant les jambes, rester assis un certain temps sans être repris par mes élancements. Aussi, j'ai dû renoncer au théâtre, aux concerts, aux conférences, à la grand'messe, aux longues visites, etc..

La marche me fait ordinairement du bien, mais si elle est un peu longue ou si je reste trop longtemps debout, mes genoux s'engorgent et mes jambes sont enflées le soir. Je suis obligé de faire comme les petits enfants : marcher un peu, m'asseoir quelques minutes (en remuant mes jambes), puis repartir. Par ce procédé, j'arrive à faire en moyenne six kilomètres par jour, en quatre ou cinq fois.

C'est du reste tout ce qu'il me faut ; avec mon hydrothérapie, ma gymnastique de chambre, cela me fatigue suffisamment et j'ai plus de chances de dormir.

Toutes ces précautions et mesures ne me donnent qu'un médiocre résultat. Ma vie est une lutte continuelle contre la maladie et la souffrance. Bien que j'y sois presque toujours vaincu, car il est rare que j'aie vingt-quatre heures de répit, je la continue néanmoins. Quand je me laisse aller et ne résiste plus, je souffre encore davantage.

Il est facile de se rendre compte de l'exactitude de mes allégations en consultant mes agendas où j'inscris le bulletin journalier de ma santé.

J'ai autant souffert au moral qu'au physique dans le cours

mon existence. J'ai bu l'insulte à pleins verres ; maintenant la calomnie, sans désarmer complètement, me laisse à peu près tranquille.

Il résulte de tout cela que je suis loin d'être dans de bonnes conditions pour être heureux, bien qu'il ne me manque que sa santé. Mais comme on n'est jamais content et que si je me portais bien, je désirerais autre chose, je tâche de vivre avec mon lot. J'y réussis à peu près ; je ne suis pas bien malheureux, car je ne désire pas souvent la mort et je trouve la vie belle et bonne quand je ne souffre pas.

Souvent, quand mes douleurs me reprennent, j'ai un moment de dépit, de découragement et de révolte dont je ne suis pas maître. — Est-ce là le prix de mes efforts, la récompense des précautions que je prends, des exercices que je m'impose, des mauvais remèdes que j'absorbe ? — À quoi bon faire ce qui me déplaît pour arriver à ce résultat ? — Suis-je maudit, que je ne puis passer une journée sans souffrir ? etc., etc..

Ces réflexions déprimantes, que j'écarte d'ailleurs le plus possible de ma pensée, sont heureusement de courte durée chez moi. — Mes maux étant à peu près continuels, il faut que je sois peu exigeant et que j'arrive à me trouver heureux, non seulement quand j'ai un moment de répit, mais même quand mes douleurs ne sont pas trop vives.

***

Où se trouve le bonheur.

Je crois que le bonheur dépend bien moins des circonstances qu'on ne le pense généralement. On le cherche où il n'est pas ; voilà pourquoi si peu de gens le trouvent.

Dieu l'a pourtant mis à la portée de tous, du pauvre, du

riche, de l'infirme, du bien portant. C'est en nous qu'il est, c'est de nous qu'il dépend, de notre raison, de notre volonté, de notre sagesse, de notre religion.

Nancy 1897.

———

Je cherche à mettre ces maximes en pratique et à m'améliorer sur mes vieux jours. Malgré le peu de résultats de mes efforts, Dieu me tient compte de ma bonne volonté puisque, vieux et souffrant au physique et au moral, je suis néanmoins plus heureux que dans ma jeunesse et dans mon âge mûr.

Juin 1899.

———

Exemple. — Bien qu'elle fût aveugle, à peu près complètement sourde et menacée de se trouver sans ressources à la mort de son père, Mlle Berthe de Calonne avait une figure respirant une sérénité tranquille. Sa situation n'était pourtant pas gaie ni favorable au bonheur ; mais elle avait celui qu'on tire de soi-même, qui est indépendant des circonstances et elle l'a gardé toute sa vie. Elle est aussi heureuse qu'on peut l'être. Une belle âme, M. Galeron, l'a épousée par amour et sans dot, et tous deux se sont fait une félicité sans égale de ce qui eût été le désespoir de tant d'autres.

NOTA. — Mme Galeron va publier un volume de ses poésies. En voici une qu'elle a faite sur les yeux de l'une de ses fillettes :

Tes yeux.

A ma fille.

Tes yeux, tes grands yeux, aux longs cils qui tremblent,
Ils éclaireront pour moi le chemin ;
Ils auront le charme, ailé, plus qu'humain,
Des bleus regards d'ange auxquels ils ressemblent.
Tes yeux, tes grands yeux, aux longs cils qui tremblent,
Ils éclaireront pour moi le chemin.

Tes yeux, tes grands yeux, Dieu me les envoie
Pour me consoler de ceux qu'il m'a pris,
Si beaux ! que mon rêve en reste surpris,
Et que mon orgueil a peur de sa joie.
Tes yeux, tes grands yeux, Dieu me les envoie
Pour me consoler de ceux qu'il m'a pris.

Tes yeux, tes grands yeux, couleur de pervenche,
Qui, même en ma nuit, mettent leur clarté
De mon cœur de mère ils sont la fierté,
De mes yeux d'aveugle ils sont la revanche.
Tes yeux, tes grands yeux, couleur de pervenche,
Qui, même en ma nuit, mettent leur clarté.

———————

(Extrait d'un article de Francisque SARCEY.)
(Annales, 9 avril 1897, p. 226-7.)

Autre poésie. — Qu'importe !

A mon mari.

Je ne te vois plus, soleil qui flamboies,
Pourtant des jours gris je sens la pâleur ;
J'en ai la tristesse, il me faut tes joies.
Je ne te vois plus, soleil qui flambloies,
Mais j'ai ta chaleur.

Je ne la vois plus, la splendeur des roses,
Mais le ciel a fait la part de chacun.
Qu'importe l'éclat ? J'ai l'âme des choses.
Je ne la vois plus, la splendeur des roses,
Mais j'ai leur parfum.

Je ne le vois plus, ton regard qui m'aime,
Lorsque je le sens sur moi se poser.
Qu'importe ! un regret serait un blasphème,

Je ne le vois pas, ton regard qui m'aime,
Mais j'ai ton baiser.

Mes yeux sont fermés, mais qu'importe l'ombre
J'ai trop de rayons et j'ai trop de jour
Pour qu'il puisse faire en moi jamais sombre.
Mes yeux sont fermés, mais qu'importe l'ombre,
Puisque j'ai l'amour.

(Mme B. GALERON DE CALONNE.)

Au lieu de se plaindre de ce qu'elle est aveugle et de s'attrister par des regrets inutiles, Mme Galeron s'applique à rechercher les biens, les plaisirs et les joies que lui laisse son infirmité et à les mettre à profit. N'est-ce pas là la vraie sagesse et la cause de sa sérénité ?

———

Combien n'y a-t-il pas de gens qui, blasés par l'habitude, ne font plus attention aux plantes, aux arbres, aux brillants coloris des oiseaux, des insectes et des fleurs, aux splendides spectacles de la nature ? Ils sont, par leur faute, moins favorisés qne les aveugles ; car ces derniers jouissent un peu de toutes ces beautés par suite du désir qu'ils ont de les voir et de l'idée qu'ils s'en font ; tandis qu'elles sont, pour beaucoup de voyants, comme si elles n'existaient pas.

Il y a encore plus de sourds volontaires que d'aveugles parmi ceux qui jouissent de toutes leurs facultés ; mais beaucoup sont moins à blâmer, parce qu'il faut de l'aptitude ou une certaine éducation de l'oreille pour apprécier la musique.

Comparons la situation de cette dame aveugle à la nôtre et faisons en notre profit.

A côté de ces misères réelles, vaillamment supportées et vaincues par la force d'âme de cette noble femme, plaçons quelques-uns des maux imaginaires que notre pauvre humanité se forge comme pour le plaisir de se tourmenter :

Les riens que les autres dédaignent
Touchent les êtres trop vibrants,
Les moindres choses les atteignent
Et ce sont d'éternels souffrants.

Comme de cuisantes blessures
Ils ressentent les froissements,
Les plus petites meurtrissures
De la vie aux mille tourments.

Qu'un jour le chagrin les assiége
Et le bonheur passé n'est rien.
Oh ! Le plus triste privilége,
Mieux sentir le mal que le bien !

Etre affligé d'une mémoire
N'enregistrant que la douleur,
Voir sans étoiles la nuit noire,
Voir les épines sans la fleur !

Ne connaître de l'existence
Que l'amertume sans le miel,
La peine sans la récompense,
Croire à l'enfer et pas au ciel.

Avoir reçu le don funeste
D'observer tout, de découvrir
Dans un regard ou dans un geste
De quoi mortellement souffrir.

Une parole un peu mordante,
Et le discours le plus flatteur
S'oublie, et voilà que les hante
Le mot seul qui crispa leur cœur.

Pour cent visages sympathiques
Un seul hostile, et les voilà
Sombres soudain, mélancoliques,
Ne voyant plus que celui-là.

Ces cœurs de fabrique trop fine
Ont besoin de l'affection
De tout ce qui les avoisine.
Ils vivent dans l'affliction.

Ils ont la souffrance infinie
Mais jamais l'infini plaisir,
Et par eux la joie est ternie
S'ils parviennent à la saisir.

Oh ! c'est bien le tourment suprême
L'art maudit de se torturer,
De se crucifier soi-même,
Mal que rien ne peut conjurer !

De sa misère on se rend compte,
On voudrait un cœur endurci,
Et c'est une sorte de honte
Qu'on éprouve à souffrir ainsi.

Vous que l'existence convie
Chaque jours à d'amers festins,
Vous que gâte si peu la vie,
O mes frères que je vous plains !

Pourtant, quand notre cœur se broie
Est-ce bien l'effet du malheur ?
Pas toujours : une grande joie
De si près touche à la douleur...

JANE GUY, Les pires souffrances.

Ces gens sont à plaindre, en effet, quoique leurs maux
ne soient pas réels ; mais s'ils sont malheureux, c'est qu'ils
le veulent bien. Leurs souffrances sont causées par leur
manque de raison et d'empire sur eux-mêmes ; et, avec un
peu de volonté, ils amélioreraient certainement bien vite
leur état s'ils voulaient s'en donner la peine.

RÈGLES DE CONDUITE

L'enfant jouit du présent sans s'inquiéter du passé ni de l'avenir. Nous envions son bonheur ! Qui nous empêche de faire comme lui, au moins quand cela n'a pas d'inconvénient ?

Songeons au passé pour nous ressouvenir de nos joies, bien ! quant à nos misères et à nos malheurs, moins nous y penserons, mieux cela vaudra, à moins que ce ne soit pour éviter de retomber dans nos fautes anciennes ou pour remercier Dieu d'avoir amélioré notre état.

Occupons-nous de notre avenir en ce qui dépend de nous ; puis quand nous avons fait tout ce que nous pouvons pour le préparer, remettons-nous-en à la volonté de Dieu, de qui il dépend.

Sauf dans ces cas spéciaux, faisons comme l'enfant : laissons là les regrets stériles du passé, les craintes exagérées et les illusions trompeuses de l'avenir qui, le plus souvent, ne se présente pas comme nous le supposons.

D'ailleurs, n'est-ce pas le présent qui est l'affaire importante ? Nous ne sommes pas au monde pour rêver mais pour agir, pour nous améliorer par l'accomplissement de nos nombreux devoirs envers Dieu, nous-mêmes, la famille, la société et le prochain.

Ne négligeons pas notre tâche ! C'est le meilleur moyen d'avoir la paix du cœur sans laquelle il n'y a pas de bonheur possible. Avec cela ne restons pas inactifs, et par suite ennuyés. N'oublions pas qu'on récolte ce qu'on a semé et que c'est réellement agir dans notre intérêt que d'être poli, bienveillant et bon pour les autres. Ne nous faisons pas de bile inutilement. Appliquons-nous à voir le beau côté de notre situation ; à en profiter le plus possible quand elle est bonne, à l'améliorer quand elle est mauvaise et, si nous ne pouvons y parvenir, prenons-en notre parti et supportons courageusement les misères de la vie.

Se dire qu'on est heureux.

Puisqu'on finit par se rendre malheureux à force se dire qu'on l'est, évitons ce défaut. Disons-nous toujours au contraire que nous sommes heureux, nous arriverons aussi facilement à le croire et nous nous en trouverons mieux.

L'homme léger et oublieux a besoin qu'on lui rappelle sans cesse les vérités essentielles.

Notre-Seigneur Jésus-Christ qui connaissait le cœur humain mieux que personne, a jugé utile de renouveler tous les jours par la messe son divin sacrifice du Calvaire. Les Trappistes se répètent sans cesse leur maxime : *Frère, il faut mourir*.

Devise.

Que la nôtre soit : *Le bonheur est en nous*. Plus nous ferons comme les Trappistes et plus nous la redirons, mieux cela vaudra. Si nous nous pénétrons de cette idée que notre bonheur dépend de nous et si nous cherchons à la mettre en pratique elle nous aidera à supporter nos ennuis, nos chagrins et nos maux, c'est-à-dire nous rendra plus heureux.

Nécessité de la religion.

La religion, nécessaire pour avoir le bonheur dans la vie future, ne l'est pas moins pour en trouver un peu dans celle-ci où elle nous console dans nos afflictions et nous enseigne, entre autres vertus, la patience et la résignation.

Il ne faut pas qu'elle soit seulement contemplative, elle doit surtout être pratique et servir à nous améliorer.

L'astronomie, même la plus élémentaire, est la science qui rend le plus religieux. Devant ces mondes infinis et ces distances prodigieuses dépassant toute imagination (1), la raison reste confondue. On se rend compte de son peu de valeur, on est moins disposé à s'appuyer exclusivement sur elle, on écoute plus volontiers et avec plus d'humilité les enseignements de la religion.

Utilité de l'examen de conscience.

Chez quiconque a le souci d'un perfectionnement moral, l'examen de conscience est un besoin. Même en dehors de tout sentiment religieux, cette comptabilité morale donne d'excellents résultats, notamment pour le développement de la volonté.

L'homme qui, chaque jour, s'interroge sans faiblesse sur lui-même et se juge avec sévérité, devient rapidement meilleur.

(COPPÉE).

(1) Il faudrait 2 millions d'années à un boulet de canon, allant toujours à la même vitesse, pour arriver à l'étoile la plus rapprochée de nous.

Moyens pour ne pas s'épouvanter de la souffrance et de la mort.

Il n'y a pas deux ans, ayant encore quelque santé, mais éprouvant déjà les premières atteintes de l'âge, je voyais arriver avec épouvante la vieillesse, la solitaire vieillesse, avec son cortége de tristesses, de dégoûts et de regrets.

Aujourd'hui qu'elle m'accable prématurément, je l'accueille avec fermeté, que dis-je, presque avec joie, car si je n'appelle pas les douleurs et la mort, du moins je ne les crains plus, ayant appris dans l'Evangile l'art de souffrir et de mourir.

(COPPÉE).

Je ne suis point surpris de la sécurité avec laquelle tu as vu les approches de la mort ; il est pourtant bien triste de mourir dans la fleur de la Jeunesse ! Mais la religion, comme tu le dis, fournit de grandes ressources ; il est heureux dans ces moments, d'en être bien convaincu. La vie ne paraît qu'un instant auprès de l'Eternité, et la félicité humaine, un songe ; et, s'il faut parler franchement, ce n'est pas seulement contre la mort qu'on peut tirer des forces de la foi ; elle nous est d'un grand secours dans toutes les misères humaines ; il n'y a point de disgrâces qu'elle n'adoucisse, point de larmes qu'elle n'essuie, point de pertes qu'elle ne répare ; elle console du mépris, de la pauvreté, de l'infortune, du défaut de santé, qui est la plus rude affliction que puissent éprouver les hommes, et il n'en est personne de si humilié, de si abandonné, qui, dans son désespoir et son abattement, ne trouve en elle de l'appui, des espérances et du courage.

VAUVENARGUES.

o

Quand je songe aux jours attristés qui me restent à vivre et à la mort qui s'approche, j'éprouve un sentiment de douceur qui me surprend moi-même.

COPPÉE.

———

Cette paix de l'âme ne s'obtient que par l'admirable discipline de la religion, par l'examen de conscience, par la prière. Aussi n'ai-je plus de meilleures moments que ceux où je m'adresse à Dieu.

COPPÉE, *La bonne souffrance.*

———

Venez à moi, ô vous tous qui êtes fatigués, qui êtes chargés et je vous soulagerai.

JÉSUS-CHRIST.

Nancy, le 22 Mars 1899.

RÈGLES DE CONDUITE

(*Supplément. — Petits Moyens pratiques.*)

Nota. — Je fais dans ce chapitre une application personnelle de mes théories. Il est nécessaire que chacun refasse, en ce qui le concerne, un petit travail analogue d'après sa position, son caractère et ses goûts.

Comme la religion, la philosophie doit surtout être pratique.

Il n'est pas difficile de se croire un stoïcien et de faire des théories sur la manière de supporter ses maux quand on n'en a point.

Personne ne trouve que ce n'est rien de jeûner comme ceux qui ont le ventre plein et qui ne font pas le carême.

C'est quand on est privé du nécessaire, quand on a des chagrins, quand on souffre au physique ou au moral, qu'il est malaisé, mais utile, de faire de la philosophie pour l'appeler à son aide.

Juin 1899.

Celui qui cherche le bonheur doit éviter les discussions passionnées ou irritantes qui entraînent à des disputes et, plus encore, les récriminations intérieures qui en sont souvent la suite. Celles-ci agissent pendant de longues heures et sont pires que l'emportement et la colère, ordinairement de courte durée.

Pensons à ce qu'on nous a dit ou fait de désagréable pendant le temps nécessaire pour régler d'après cela notre manière d'agir ; rien de plus juste, mais c'est assez si nous ne voulons nous faire de la bile inutilement et nous aigrir contre les autres.

Il faut procéder de la même façon pour toutes les affaires qui nous gênent, nous ennuient ou nous préoccupent.

Il n'y a point d'accident si malheureux dont les habiles gens ne tirent quelque avantage, ni de si heureux que les imprudents ne puissent tourner à leur préjudice.

LA ROCHEFOUCAULD.

Soyons parmi les habiles : utilisons nos souffrances non seulement au moral mais aussi au physique.

Je cherche à me redresser, à me tenir plus droit, et mes distractions m'empêchent d'y parvenir comme je le voudrais.

A l'avenir, et jusqu'à ce que je sois arrivé à mon but, chaque élancement signifiera pour moi : *Tiens-toi droit.* De cette façon mes douleurs me servirent à quelque chose.

Juin 1899.

Puisque ce système me réussit, je vais l'employer pour tout ce que j'ai résolu de faire dans la journée.

TRÈS IMPORTANT.

26/7 1900.

Prends l'habitude de te demander, quand il t'arrive quelque contrariété, que disent mes théories à ce sujet ? Et surtout d'appliquer ce qu'elles prescrivent, c'est le moment ou jamais de les utiliser pour te soutenir et te diriger comme l'indique La Rochefoucauld. Fais-le principalement pour éviter que la moindre chose (élancement douloureux, ennui ou désagrément quelconque) ne vienne troubler la sérénité de ton humeur. Tu te prépareras ainsi à supporter avec égalité d'âme les malheurs qui pourront te frapper.

Les bons effets de cette manière de procéder se font rapidement sentir et on ne saurait trop la recommander.

Pensées du matin.

Le matin, après s'être tracé sa ligne de conduite pour le jour qui commence, en se levant, faisant sa toilette, s'habillant, se remémorer les biens dont on jouit, les raisons qu'on a de se trouver heureux, chanter (celui qui chante son mal enchante), penser à ce qu'on pourra faire d'agréable dans la journée et s'en réjouir d'avance. Cela dispose à la bonne humeur et fait durer longtemps le plaisir que procure un acte passager.

EXEMPLE.

Samedi, réception des publications hebdomadaires, journaux de mode, quelle joie pour les dames ! Je vais avoir dans les annales : 1° un résumé à peu près impartial de la politique de la semaine; Comment y appréciera-t-on les actes du ministère, de la Chambre, les résultats de la conférence de la Haye ? 2° la suite du roman intéressant que j'ai commencé ; 3° la bonne causerie de Sarcey, etc.

Dimanche, jour du Seigneur, fête et repos. Je me paierai un bock. Distractions de toute espèce : courses, revue, concours hippique, de pêche, de natation, expositions d'horticulture, de peinture, théâtre, concerts, musique à la Pépinière, etc. Tout le monde gai, joyeux, en belle toilette.

Jeudi, visite des musées. — Mais tu les connais ! —

Raison de plus de se réjouir puisqu'on va revoir de vieux amis.

Lundi matin, arrivée du journal qui ne se distribue pas le dimanche.

1er *du mois.* — Achat des lectures pour tous, de Hachette.

1er *du trimestre.* — Jour où on touche son argent. On a beau avoir peu de besoins et ne pas être avare, cela fait tout de même plaisir d'en avoir en poche !

Temps beau. — Qu'il va faire bon se promener à la Pépinière en partant un peu matin !

Temps couvert. — A souhait pour n'avoir ni trop chaud ni trop froid en faisant une longue course.

Temps pluvieux. — Pompez, pompez, Seigneur, pour les biens de la terre et le repos du pauvre soldat ! Ce sera aussi jour de répit pour mes jambes et je pourrai m'occuper de mes affaires, de mon piano, de ma peinture et de mes livres, que ces derniers beaux temps m'ont fait un peu négliger.

N'est-ce pas un plaisir de faire un bon déjeuner ? (café au lait, chocolat, etc.). Et, parce que nous en faisons un tous les jours, faut-il n'y plus prêter attention et attendre pour l'apprécier que nous en soyons privés ? — Evitons de devenir si vite blasés, sachons profiter des biens que nous avons ; s'ils ont l'avantage d'être journaliers, réjouissons-nous en quotidiennement. Agissons ainsi pour tous les actes ordinaires de la vie ; et, promenades, repas, sommeil, etc., etc., seront pour nous une source de jouissances sans cesse renouvelées.

Le meilleur moyen de ne pas se blaser, c'est de se priver de temps à autre.

Vous n'appréciez plus votre café au lait à votre premier déjeuner ? Mangez du pain pendant un ou deux jours et vous verrez après comme votre café vous semblera bon.

Ce procédé, que la religion nous fait appliquer par les jours maigres, jeûnes, etc., est excellent pour tout et dans toutes les circonstances.

Vous ne trouvez plus de plaisir à la promenade ? Demandez au boutiquier qui ne sort seulement pas le dimanche, ce qu'il pense de cette distraction ?

Faites la même question au prisonnier, au malade qui, retenu longtemps à la chambre, peut enfin faire quelques pas dehors ? Si leurs réponses ne vous convertissent pas, essayez sur vous-même ; condamnez-vous à ne pas sortir pendant un temps fixé. Vous serez bien récompensé de l'ennui de cette petite séquestration volontaire par le changement qui se fera dans vos idées au sujet des promenades et par l'agrément qu'elles recommenceront à vous procurer.

Juillet 1899.

———

Il ne tient qu'à nous de prolonger nos joies en y pensant comme nous le faisons pour nos peines, et de nous créer ainsi une situation parfois plus gaie que celle que nous procure l'acte lui-même, après lequel on se dit souvent : C'est déjà fini ! Ce n'était que ça !

Vous devez aller au bal, au théâtre, dîner en ville, etc.. — Est-ce qu'il ne peut arriver que la danseuse fasse tapisserie ; que le spectateur soit mal placé, derrière un chapeau phénoménal lui cachant la scène, à côté de voisins discoureurs ou chantant faux ? Que le dîneur trouve des mets qu'il n'aime pas ou ne digère pas bien, de mauvais vin au lieu du bon attendu ? Mais si, d'avance, ils ont laissé courir leur imagination vers des idées riantes, s'ils l'ont même poussée dans cette voie, ce sera toujours, quoi qu'il arrive, autant de bon sang qu'il se seront fait. Cela ne les empêchera nullement de profiter du bal, du théâtre et du dîner s'il y a lieu, ni de se remémorer ensuite les satisfactions qu'ils y ont trouvées, afin d'en jouir de nouveau chaque fois qu'ils se les rappelleront.

Septembre, 1899.

Réflexions de la journée.

Il vaut mieux faire des châteaux en Espagne que de broyer du noir. Il y a, il est vrai, du découragement quand nos illusions s'envolent, mais il est ordinairement passager, tandis que le plaisir qu'elles nous ont procuré a souvent duré de longs jours.

Es-tu fatigué par la marche, par un exercice quelconque ? Souviens-toi du chasseur qui fait des kilomètres sans s'en apercevoir parce qu'il ne pense qu'au gibier qu'il poursuit. Fais comme lui, occupe ton esprit et tu ne sentiras plus la fatigue.

Août 1899.

N'est-ce pas agréable pour un vieux militaire qui a passé sa vie à faire la volonté des autres, de pouvoir enfin faire la sienne ? De se coucher, de se lever, de s'habiller, de se promener à sa guise ? De n'avoir plus qu'à se distraire et à se soigner ?

Ce dernier avantage pourra sembler singulier à bien des personnes. Il est pourtant réel. La santé est la qualité la plus nécessaire à l'officier. S'il a une maladie chronique, il lui faut la cacher, surmonter ses souffrances pour marcher, comme si de rien n'était, toujours et par tous les temps, sous peine de se faire mettre en non-activité.

Une fois en retraite, il peut au moins adoucir ses maux par les précautions et les soins. Maintenant, quand mes douleurs me tourmentent et me font passer une trop mauvaise nuit, je me repose, au lit le matin, une heure de plus. Je trouve que cela vaut mieux que d'aller à l'exercice ou au polygone par la fraîcheur, la pluie ou la neige. Je m'habille comme je veux, suivant la saison, n'ayant plus les mêmes vêtements pour l'Eté et pour l'Hiver ; je ne sors pas quand il fait mauvais. Personne ne vient plus me dire : Aujourd'hui vous prendrez telle tenue, vous boutonnerez votre capote à droite toute cette semaine ; vous n'avez pas de sous-pieds ou pas gants ! Votre pantalon est trop large, trop court ou trop étroit, trop long ! Vous avez des bottines au lieu de bottes, des éperons à vis qui ne sont pas réglementaires, pas de boutons à vos bélières, vous savez pourtant que les porte-mousquetons sont défendus. Votre barbe est trop longue. — Je me suis rasé hier. — Hier ? — Oui, mon Colonel. — Alors, il faut vous raser tous les jours. — Diable, mais... — Votre serviteur le fait bien. — J'essaie d'imiter mon grand chef, mais au bout de cinq ou six jours de ce régime, ma peau devient tellement rugueuse que j'ai l'air de ne plus me raser du tout et que je suis obligé d'en revenir à mon ancien système.

Défense de mettre les mains dans les poches. (Grenoble, Colonel L., Commandant de R.)

Quand on a de 40 à 50 ans, ce n'est pas amusant d'être traité comme un moutard !

Pour les promenades, ce n'est pas ce qui fait défaut dans le métier militaire ; seulement, à cette époque, je ne m'étais pas encore raisonné comme aujourd'hui de sorte que je n'en profitais guère. Il fallait d'ailleurs s'occuper de sa troupe, se faire de la bile constamment pour ne pas laisser perdre les distances, obtenir une marche régulière où tout le monde fût à sa place, empêcher les hommes de s'arrêter dans les cabarets, aux fontaines, de boire de l'eau-de-vie aux haltes, etc., etc...

En admettant qu'on ne reçut pas quelque bonne ondée, sans pouvoir mettre son manteau si le Colonel n'avait pas le sien, qu'il ne fît ni trop de poussière, ni trop froid (à cheval, au pas, on a tout de suite les pieds glacés), cela ne vaut certes pas mes bonnes flâneries sous les beaux ombrages de la Pépinière, sur le cours Léopold, ni même dans les rues de Nancy.

Août 1899.

Il faut souvent faire effort pour être joyeux et gai, il faut un certain art pour se maintenir heureux, et, à cet égard comme à tant d'autres, il faut veiller sur soi et se gouverner soi-même comme nous le ferions pour quelqu'un d'étranger.

John LUBBORK.

Il ne te manque que la santé pour être heureux. Tu l'as en ce moment-ci puisque tu ne souffres pas. Tiens-toi donc en joie, maintenant et chaque fois que tes douleurs te laisseront un peu de répit. Profite du présent qui te sourit et ne t'attriste pas inutilement en songeant d'avance à tes maux futurs.

Août 1899.

Allons, bon ! voilà encore mes élancements qui me reprennent. — Peux-tu quelque chose pour les adoucir ou les arrêter ? — Non. — Alors, n'y pense pas. — C'est la nuit qui m'épouvante. — A quoi bon t'en occuper puisque tu n'y peux rien ; elle sera ce que Dieu voudra. — Elle a

été passable, grâce aux frictions, au camphre, à la centau-
rée et à l'antipyrine, mais le matin est mauvais.

Ne te laisse pas abattre par la maladie, cherche à en tirer
profit (1) ; et au lieu de gémir, remercie Dieu de ce que tes
souffrances sont moins vives.

Juin 1900.

Parmi mes nombreux maux, il s'en trouve presque toujours un qui est en décroissance ou en amélioration
momentanée. C'est à celui-là qu'il faut penser pour me
réconforter.

Ainsi, ce matin, mes paupières et mes yeux sont rouges
et enflammés et je ne pourrai guère lire aujourd'hui ; mais
qu'est-ce que cela, puisque j'ai les genoux moins engorgés,
mes douleurs dans les bras et que rien ne m'empêchera de
me promener à mon aise ?

Juillet 1900.

Nos richesses.

Nous avons plus de richesses que nous ne croyons. Ce
qui nous manque, c'est de nous en rendre compte et de
savoir en profiter.

Que sont les collections, les jardins des particuliers dont
nous envions la fortune auprès des bibliothèques, des musées,
des parcs publics et surtout de la nature que nous avons à
notre disposition ? N'y trouvons-nous pas des tableaux, des
vues, de l'air. — Tout ça n'est pas à nous ! Qu'importe si
nous en jouissons ! Mais le ciel, avec ses belles couleurs
si brillantes et si douces à l'œil, ses admirables nuages aux

(1) Voir p. 44.

formes sans cesse variées et toujours nouvelles, ses astres innombrables et son immensité déconcertante, ne nous appartient-il pas autant qu'au plus grand des potentats ? Et n'est-il pas un sujet perpétuel d'admiration, de plaisir, de rêverie et de méditation ?

Bien des personnes ne voient pas et n'apprécient pas les choses ainsi ! — C'est vrai ; mais c'est le tort qu'elles ont. Qu'elles cherchent à modifier leur mauvaise disposition d'esprit, elles finiront par voir plus juste et sentir plus vivement ! — Quand une chaudière a servi un certain temps il se forme une croûte sur les parois et elle devient plus dure à la cuisson. Par suite de l'habitude, notre admiration pour les spectacles de la nature et pour les belles choses tend à diminuer ; il semble se former dans notre cerveau, comme dans la chaudière, un dépôt qui nous rend moins sensibles. — Ne nous laissons pas aller sur cette pente et réagissons de toutes nos forces contre cette fâcheuse tendance. Aimer et apprécier le beau, le bien, le vrai est un des privilèges les plus enviables de la jeunesse que le vieillard peut conserver s'il le veut. Il n'est vieux qu'au physique, celui qui a su garder la fraîcheur de ses impressions !

Avantages dont je jouis.

Quelle belle existence est la mienne ! Des relations de famille satisfaisantes, assez d'argent pour contenter mes désirs ; rien à faire qu'à chercher mon bien-être ou mon agrément.

J'aime la promenade, la lecture, la peinture, la musique et je trouve à Nancy, pour satisfaire mes goûts, des ressources de toute nature : Des rues larges, propres, bien aérées, avec des magasins luxueux remplis d'objets artistiques ; la Pépinière, admirable parc comme peu de princes en ont, le cours Léopold, le jardin botanique, des environs accidentés et pittoresques ; le Cercle militaire avec sa bibliothèque, ses journaux et ses nombreuses publications périodiques ; trois musées : Lorrain, peinture et sculpture, histoire naturelle ; une importante bibliothèque publique ; un théâtre, des concerts en quantité, les musiques militaires. C'est de ceci que je profite le moins. Je n'aime pas les foules et mes douleurs m'interdisent le théâtre et les concerts ; aussi je me contente de tapoter sur mon piano ce qui m'occupe et m'amuse bien que je fasse fort peu de progrès.

En un mot, je n'ai pour les distractions que l'embarras du choix.

C'est parfait, me direz-vous ; mais, des soucis, des désagréments, des ennuis n'en avez-vous pas d'autres que ceux qui résultent de votre état de santé ? Certes, ils ne me manquent pas ! Je crois même en avoir ma bonne part. Je les relègue au second plan et j'y pense le moins possible.   Septembre 1899.

RÉSUMÉ

Notre bonheur dépend beaucoup de nous, un peu des circonstances et de nos semblables.

Pour l'obtenir il faut :

1º Le chercher où il est (voir p. 31) ;

2º T'en rendre digne en t'observant et veillant sur toi afin de t'améliorer ;

3º Alléger tes misères en pensant aux compensations que Dieu t'a données ;

4º Te dire sans cesse que tu es heureux ou que tu n'as qu'à bien faire pour le devenir ;

5º Éviter le pessimisme et voir toujours le meilleur côté des choses ;

6º Être bon et patient pour le prochain dont l'indulgence pour tes défauts t'est si nécessaire ; surtout ne pas t'irriter contre lui et ne pas l'accuser sur les apparences comme tu le fais souvent.

Qu'il serait beau d'exécuter en entier un pareil programme et de travailler en outre par là à ton amélioration morale ! Malheureusement, si la théorie est aisée la pratique est difficile ; et il faudrait être un saint pour bien observer tous ces préceptes ! — C'est vrai ; mais ne te décourage pas. Sans viser à la perfection, tu te rendras meilleur et par suite plus heureux en les appliquant le mieux que tu pourras. Consulte les donc sans cesse et quoi qu'il t'arrive. C'est déjà un bon commencement de voir où est le bien et de chercher à le faire. Un pareil travail, si imparfait qu'il soit, ne peut tarder à produire des résultats avantageux sous tous les rapports.

———

DERNIÈRES CONCLUSIONS

Sur cette terre tous cherchent le bonheur. J'ai fait comme tout le monde ; et, plus favorisé que la plupart, non seulement je l'ai trouvé, mais même, quand il m'abandonne, je le retrouve à peu près à volonté en relisant et appliquant mes théories.

Il en est de cela comme de beaucoup d'exercices physiques ou intellectuels qui paraissent impossibles au début et qui deviennent faciles par l'habitude. Il s'agit surtout de voir les choses par leur meilleur côté et de se rendre assez maître de sa volonté pour ne penser qu'à ce qu'on veut. On y arrive plus aisément qu'on ne croit, avec de l'attention et de la persévérance.

Béni soit Dieu qui, en dirigeant ma pensée vers ces réconfortantes études, m'a fait comprendre que mon bonheur dépendait de moi plus que des circonstances et que je pouvais me rendre heureux si je le voulais !

Je serais certainement flatté si ces notes avaient du succès, content si elles étaient utiles au bonheur d'autrui comme au mien. Mais, après tout, que les autres s'occupent de mes idées et qu'ils en profitent ou non, c'est leur affaire ! L'important pour moi, c'est qu'elles me servent, comme elles le font, à supporter mes maux, à apprécier les biens dont je jouis, et à me créer une vie plus douce et plus agréable.

Octobre 1899.

Nancy. — Imprimerie R. VAGNER

www.ingramcontent.com/pod-product-compliance
Lightning Source LLC
LaVergne TN
LVHW022123080426
835511LV00007B/1001